Impressum
Verlag: BABADADA GmbH, Nedderfeld 112 , 22529 Hamburg
Geschäftsführer / Verlagsleitung: Harald Hof
Druck: Books on Demand GmbH, In de Tarpen 42, 22848 Norderstedt

Imprint
Publisher: BABADADA GmbH, Nedderfeld 112 , 22529 Hamburg, Germany
Managing Director / Publishing direction: Harald Hof
Print: Books on Demand GmbH, In de Tarpen 42, 22848 Norderstedt, Germany

школа

школа

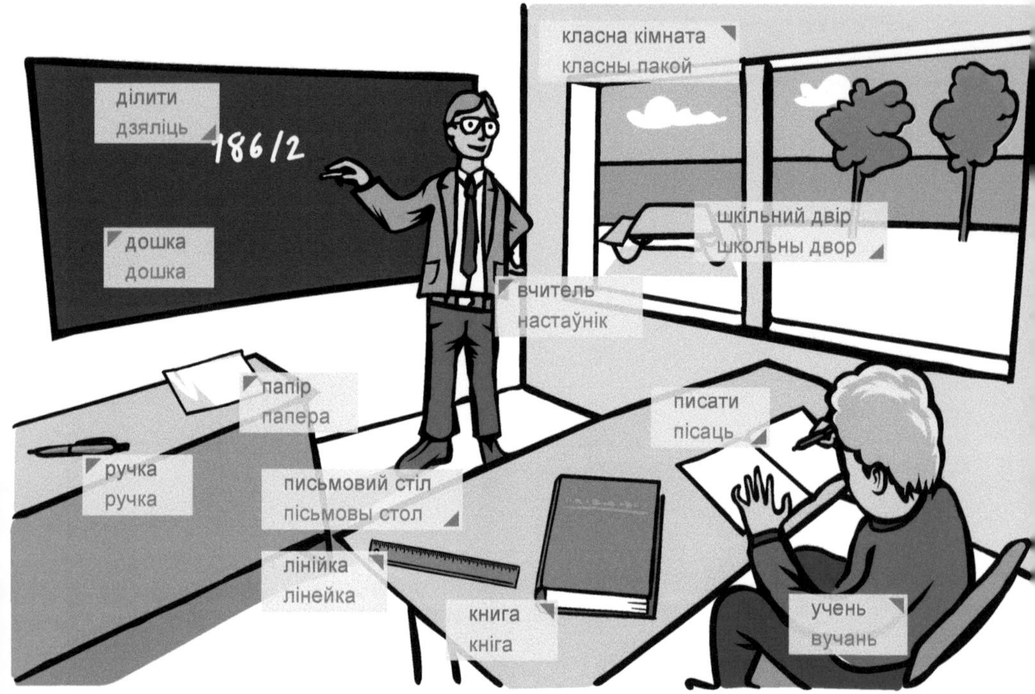

класна кімната
класны пакой
ділити
дзяліць
186/2
дошка
дошка
шкільний двір
школьны двор
вчитель
настаўнік
папір
папера
писати
пісаць
ручка
ручка
письмовий стіл
пісьмовы стол
лінійка
лінейка
книга
кніга
учень
вучань

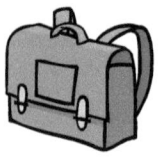

ранець

ранец

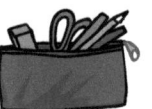

пенал

пенал

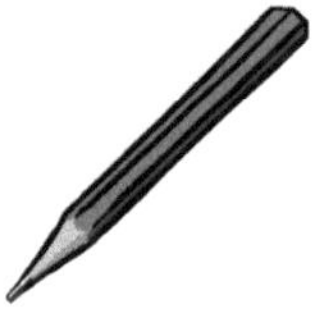

олівець

просты аловак

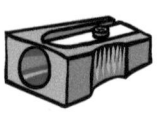

точило

тачылка для алоўкаў

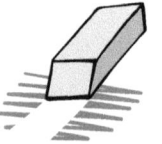

гумка

гумка

альбом для малювання

альбом для малявання

малюнок

малюнак

пензель

пэндзлік

коробка фарб

фарбы

ножиці

нажніцы

клей

клей

зошит

сшытак

домашнє завдання

хатнє заданне

число

лік

додавати

дадаваць

віднімати

адымаць

множити

множыць

рахувати

лічыць

літера

літара

абетка

алфавіт

слово

слова

текст

тэкст

читати

чытаць

крейда

крэйда

година

ўрок

класний журнал

класны журнал

екзамен

экзамен

диплом

атэстат

шкільна форма

школьная форма

освіта

адукацыя

лексикон

энцыклапедыя

університет

універсітэт

мікроскоп

мікраскоп

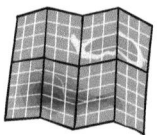

карта

карта

кошик для паперу

смеццевы кошык

подорож

падарожжа

Grand
готель
гатэль
турбаза
хостэл
ROOMS
EXCHANGE
обмінний пункт
абменны пункт
валіза
чамадан
автомобіль
аўтамабіль

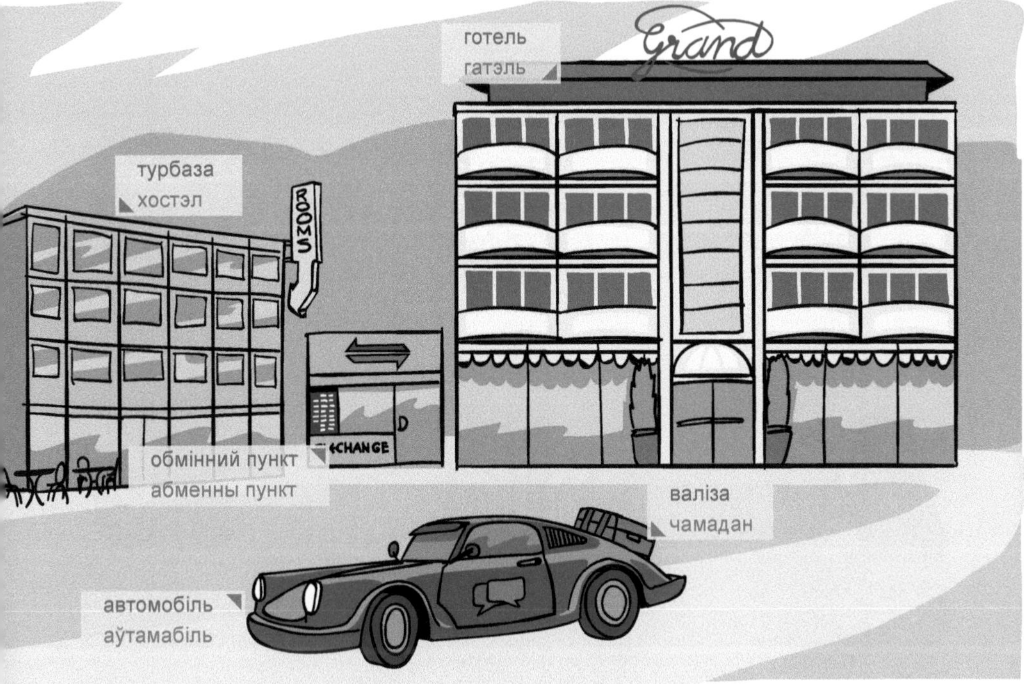

мова

мова

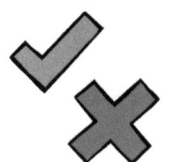

так / ні

так / не

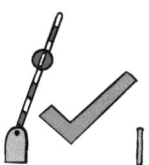

добре

добра

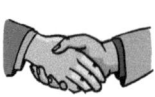

привіт

прывітанне!

перекладач

перакладчык

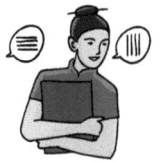

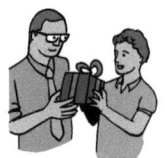

дякую

дзякуй

Скільки коштує ...?

Колькі каштуе....?

Я не розумію

я не разумею

проблема

праблема

Добрий вечір!

Добры вечар!

Доброго ранку!

Добрай раніцы!

На добраніч!

Дабранач!

До побачення

да пабачэння

напрямок

кірунак

багаж

багаж

сумка

сумка

рюкзак

заплечнік

гість

госць

кімната

пакой

спальний мішок

спальны мяшок

намет

палатка

туристична інформація

фармацыя для турыстаў

пляж

пляж

кредитна картка

крэдытная картка

сніданок

снеданне

обід

абед

вечеря

вячэра

квиток

праязны білет

ліфт

ліфт

поштова марка

паштовая марка

межа

мяжа

митниця

мытня

посольство

пасольства

віза

віза

паспорт

пашпарт

транспорт

транспарт

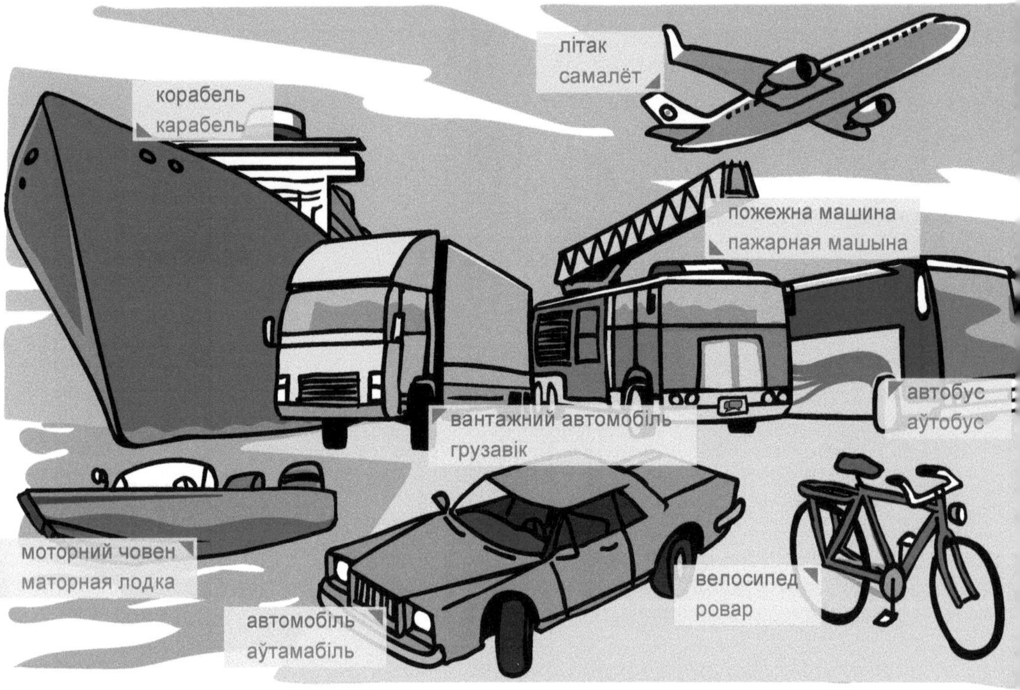
літак
самалёт
корабель
карабель
пожежна машина
пажарная машына
автобус
аўтобус
вантажний автомобіль
грузавік
моторний човен
маторная лодка
велосипед
ровар
автомобіль
аўтамабіль

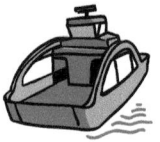

пором

паром

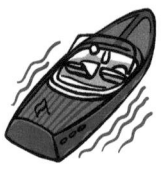

човен

лодка

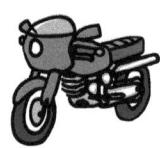

мотоцикл

матацыкл

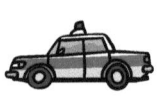

поліцейська машина

паліцэйская машына

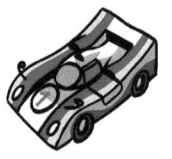

гоночний автомобіль

гоначны аўтамабіль

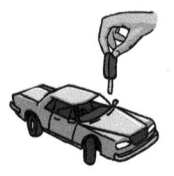

автомобіль на прокат

арэндаваны аўтамабіль

пільне користування авто
....
сумеснае карыстанне
аўтамабілем

евакуатор
....
эвакуатар

сміттєвоз
....
смеццявоз

двигун
....
матор

паливо
....
паліва

автозаправна станція
....
запраўка

дорожній знак
....
дарожны знак

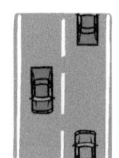

рух
....
дарожны рух

затор
....
затор

стоянка
....
паркоўка

вокзал
....
чыгуначная станцыя

рейки
....
рэйкі

потяг
....
цягнік

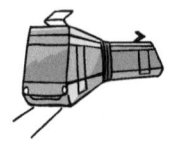

трамвай
....
трамвай

вагон
....
вагон

гелікоптер

верталёт

аеропорт

аэрапорт

вежа

вежа

пасажир

пасажыр

контейнер

кантэйнер

коробка

кардонная скрыня

візок

тачка

кошик

карзіна

стартувати / приземлятися

ўзлятаць / прызямляцца

місто

горад

село

вёска

центр міста

цэнтр горада

дім

дом

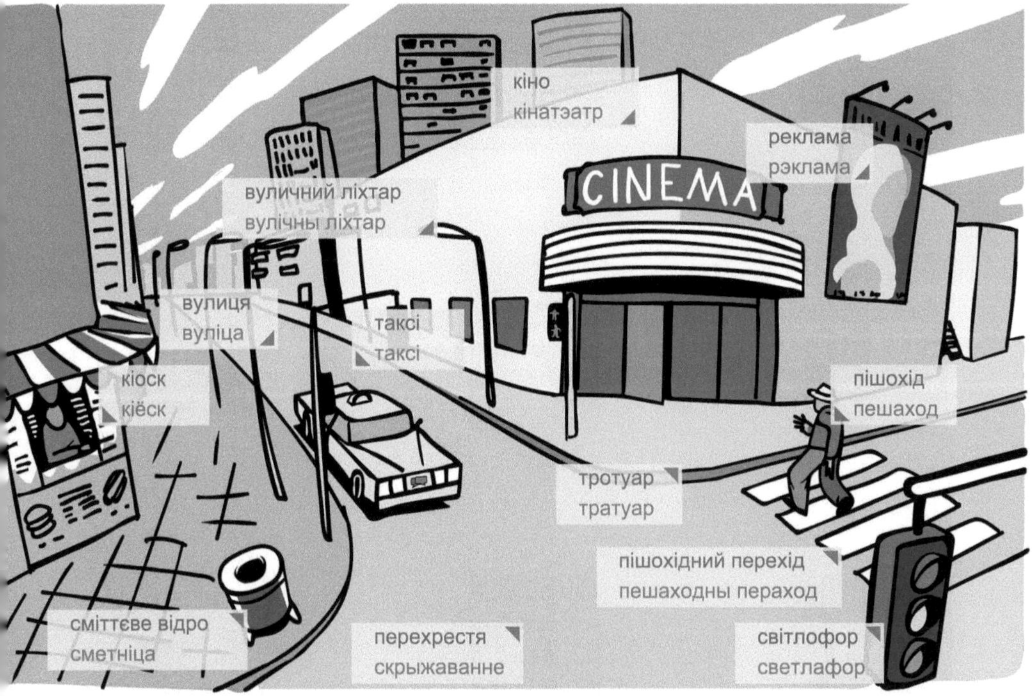

кіно
кінатэатр

реклама
рэклама

вуличний ліхтар
вулічны ліхтар

вулиця
вуліца

таксі
таксі

кіоск
кіёск

пішохід
пешаход

тротуар
тратуар

пішохідний перехід
пешаходны пераход

сміттєве відро
сметніца

перехрестя
скрыжаванне

світлофор
светлафор

хатина

халупа

квартира

кватэра

вокзал

чыгуначная станцыя

ратуша

ратуша

музей

музей

школа

школа

місто - горад

11

університет

універсітэт

банк

банк

лікарня

шпіталь

готель

гатэль

аптека

аптэка

офіс

офіс

книжковий магазин

кнігарня

магазин

крама

квітковий магазин

кветкавая крама

супермаркет

супермаркет

ринок

кірмаш

універмаг

універмаг

торговець рибою

рыбная крама

торговельний центр

гандлевы цэнтр

гавань

порт

парк
парк

лава
лава

міст
мост

сходи
лесвіца

метро
метро

тунель
тунэль

автобусна зупинка
прыпынак

бар
бар

ресторан
рэстаран

поштова скринька
паштовая скрыня

вулична табличка
вулічны паказальнік

лічильник паркування
паркамат

зоопарк
заапарк

басейн
басейн

мечеть
мячэць

ферма

сядзіба

забруднення
навколишнього
середовища
забруджванне
навакольнага асяроддзя

кладовище

могілкі

церква

царква

дитячий майданчик

пляцоўка для гульні

храм

храм

ландшафт

краявід

листок
ліст

вказівний стовп

паказальнік

шлях
дарога

луг
луг

камінь
камень

дерево
дрэва

мандрівник
падарожнік

річка
рака

трава
трава

квітка
кветка

долина

даліна

гора

гара

озеро

возера

ліс

лес

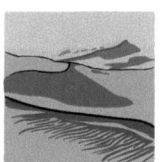

пустеля

пустыня

вулкан

вулкан

замок

замак

веселка

вясёлка

гриб

грыб

пальма

пальма

комар

камар

муха

муха

мурашка

мурашка

бджола

пчала

павук

павук

жук
жук

жаба
жаба

вивірка
вавёрка

їжак
вожык

заєць
заяц

сова
сава

птах
птушка

лебідь
лебедзь

кабан
дзік

олень
алень

лось
лось

гребля
плаціна

вітряк
вятрак

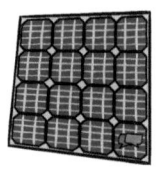

сонячний модуль
сонечная батарэя

клімат
клімат

ландшафт - краявід

ресторан

рэстаран

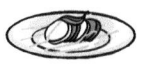

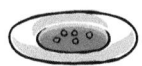

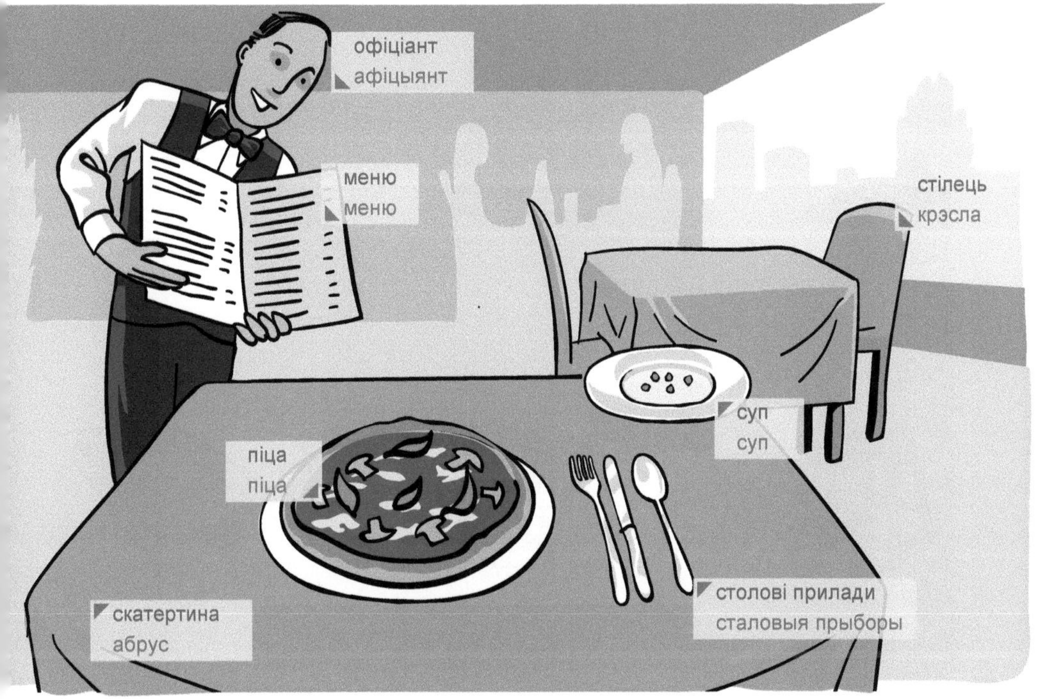

офіціант
афіцыянт
меню
меню
стілець
крэсла
суп
суп
піца
піца
скатертина
абрус
столові прилади
сталовыя прыборы

закуска

закуска

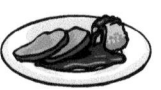

друга страва

другая страва

десерт

дэсерт

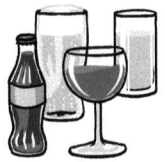

напої

напоі

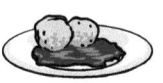

їжа

ежа

пляшка

бутэлька

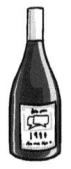

фаст-фуд

хуткае харчаванне (фаст-фуд)

вулична їжа

стрыт-фуд

чайник

імбрык (чайнік)

цукорниця

цукарніца

порція

порцыя

еспресо-машина

эспрэса-машына

високий стільчик

дзіцячае крэселка

рахунок

рахунак

піднос

паднос

ніж

нож

вилка

відэлец

ложка

лыжка

чайна ложка

чайная лыжка

серветка

сурвэтка

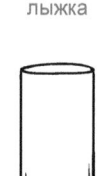

склянка

шклянка

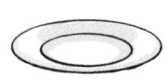
тарілка
талерка

тарілка для супу
супавая талерка

блюдце
сподак

соус
соус

солонка
сальніца

млин для перцю
млынок для перцу

оцет
воцат

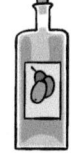
масло
алей

спеції
спецыі

кетчуп
кетчуп

гірчиця
гарчыца

майонез
маянэз

супермаркет

супермаркет

пропозиція
акцыя
FOR
клієнт
пакупнік
молочні продукти
малочныя прадукты
фрукти
садавіна
візок для покупок
вазок

BUTCHERS

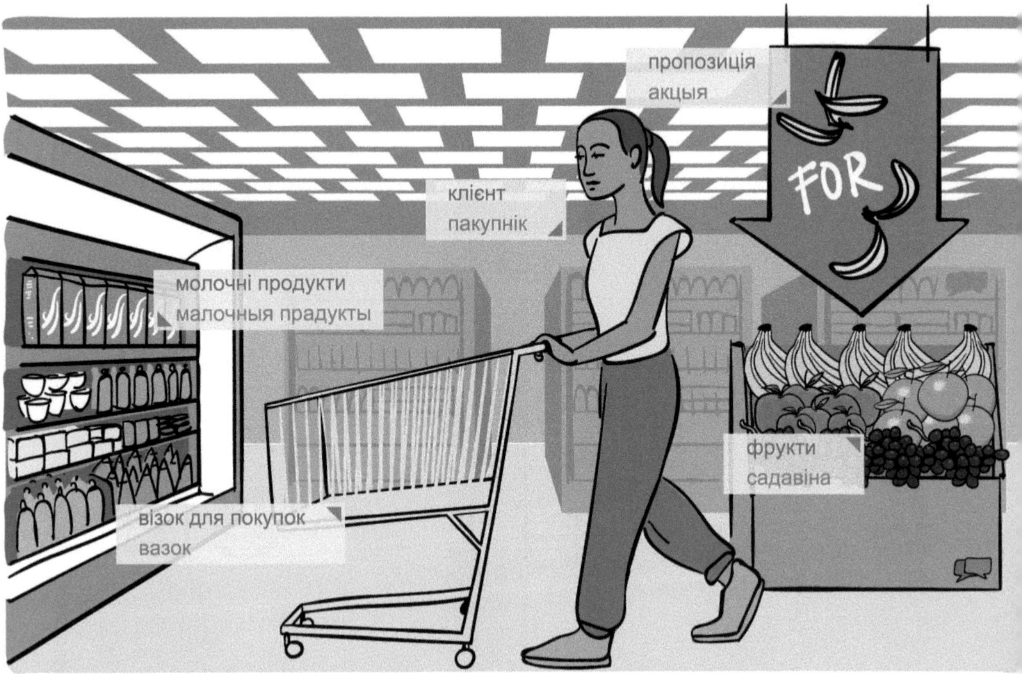

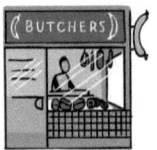

м'ясний магазин

мясная крама

BAKERY

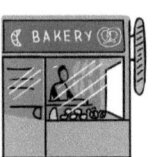

пекарня

хлебны магазін

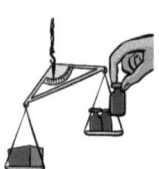

зважувати

важыць

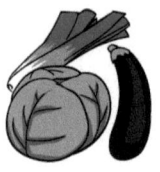

овочі

гароднiна

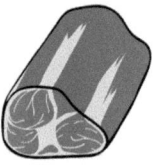

м'ясо

мяса

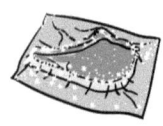

заморожені продукти

свежазамарожаныя прадукты

ковбасна нарізка

нарэзка

консерви

кансервы

пральний порошок

пральны парашок

солодощі

прысмакі

предмети домашнього побуту

хатнія прылады

мийний засіб

чысцячы сродак

продавщиця

прадавец

каса

каса

касир

касір

список покупок

спіс пакупак

часи роботи

гадзіны працы

гаманець

бумажнік

кредитна картка

крэдытная картка

сумка

сумка

поліетиленовий пакет

пакет

вода

вада

сік

сок

молоко

малако

кола

кола

вино

віно

пиво

піва

алкоголь

алкаголь

какао

какава

чай

гарбата (чай)

кава

кава

еспресо

эспрэса

капучіно

капучына

банан

банан

яблуко

яблык

апельсин

апельсін

кавун

дыня

лимон

лімон

морква

морква

часник

часнок

бамбук

бамбук

цибуля

цыбуля

гриб

грыб

горішки

арэхі

локшина

локшына

спагеті

спагеці

рис

рыс

салат

салата

картопля фрі

бульба фры

смажена картопля

смажаная бульба

піца

піца

гамбургер

гамбургер

бутерброд

бутэрброд

шніцель

шніцаль

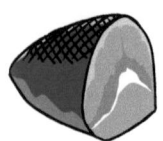

шинка

вяндліна

салямі

салямі

ковбаса

каўбаса

курка

курыца

печеня

смажаніна

риба

рыбак

вівсяні пластівці

аўсяныя камякі

мюслі

мюслі

кукурудзяні пластівці

кукурузныя шматкі

борошно

мука

круасан

круасан

булочка

булачка

хліб

хлеб

тостовий хліб

тост

печиво

пячэнне

масло

масла

сир

тварог

пиріг

пірог

яйце

яйка

яєчня

яечня

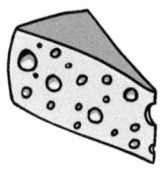

сир

сыр

морозиво

....

марожанае

цукор

....

цукар

мед

....

мёд

мармелад

....

варэнне

нуга-крем

....

нуга

карі

....

кары

ферма
сядзіба

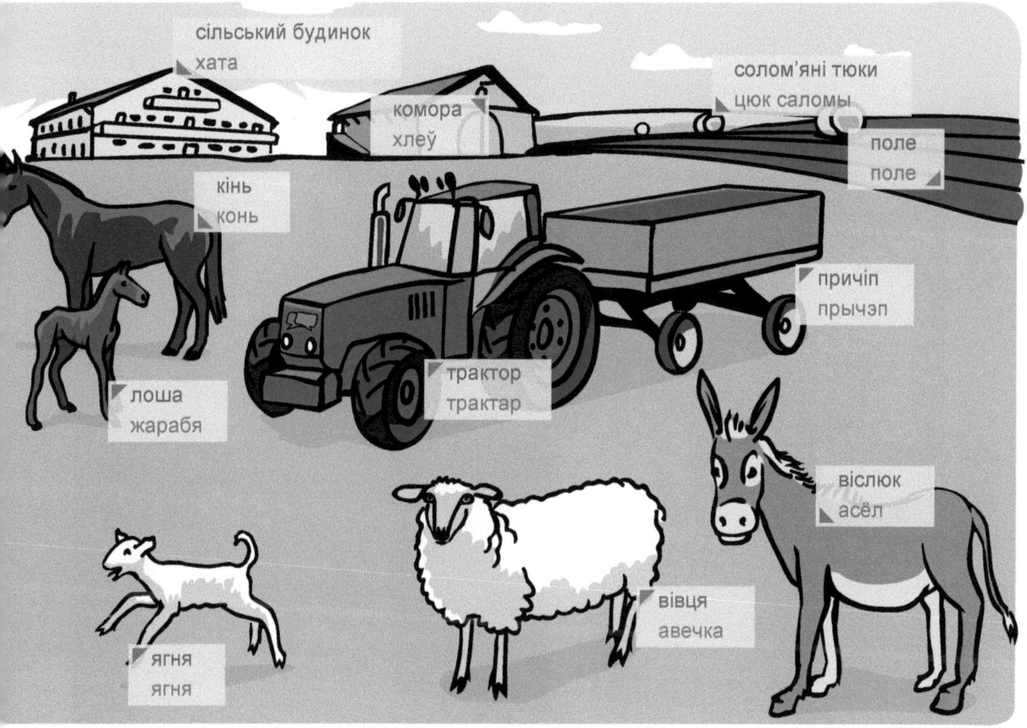

сільський будинок
хата
комора
хлеў
солом'яні тюки
цюк саломы
поле
поле
кінь
конь
причіп
прычэп
трактор
трактар
лоша
жарабя
віслюк
асёл
вівця
авечка
ягня
ягня

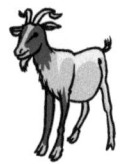

коза

каза

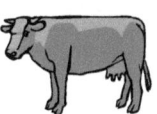

корова

карова

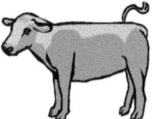

теля

цяля

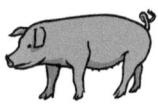

свиня

свіння

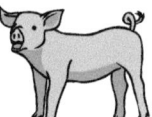

порося

парася

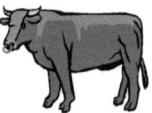

бик

бык

гусак
гусак

качка
качка

курча
кураня

курка
курыца

півень
певень

щур
пацук

кіт
кот

миша
мыш

віл
вол

собака
сабака

собача будка
сабачая будка

садовий шланг
садовы шланг

лійка
палівачка

коса
каса

плуг
плуг

серп

серп

мотика

матыка

вила

вілы для гною

сокира

сякера

тачка

тачка

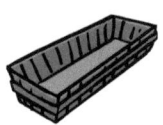

корито

карыта

бідон молока

бітон для малака

мішок

мех

паркан

плот

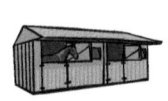

хлів

хлеў

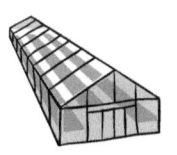

теплиця

цяпліца

ґрунт

глеба

насіння

насенне

добриво

угнаенне

комбайн

камбайн

пожинати

збіраць ураджай

урожай

ураджай

корінь ямсу

ямс

пшениця

пшаніца

соя

соя

картопля

бульба

кукурудза

кукуруза

ріпак

рапс

плодове дерево

садовае дрэва

маніок

маніёк

злаки

збожжа

димохід
комін

дах
дах

водостічний лоток
вадасцёк

вікно
акно

гараж
гараж

дзвінок
званок

двері
дзверы

відро для сміття
вядро для смецця

поштова скринька
паштовая скрыня

сад
сад

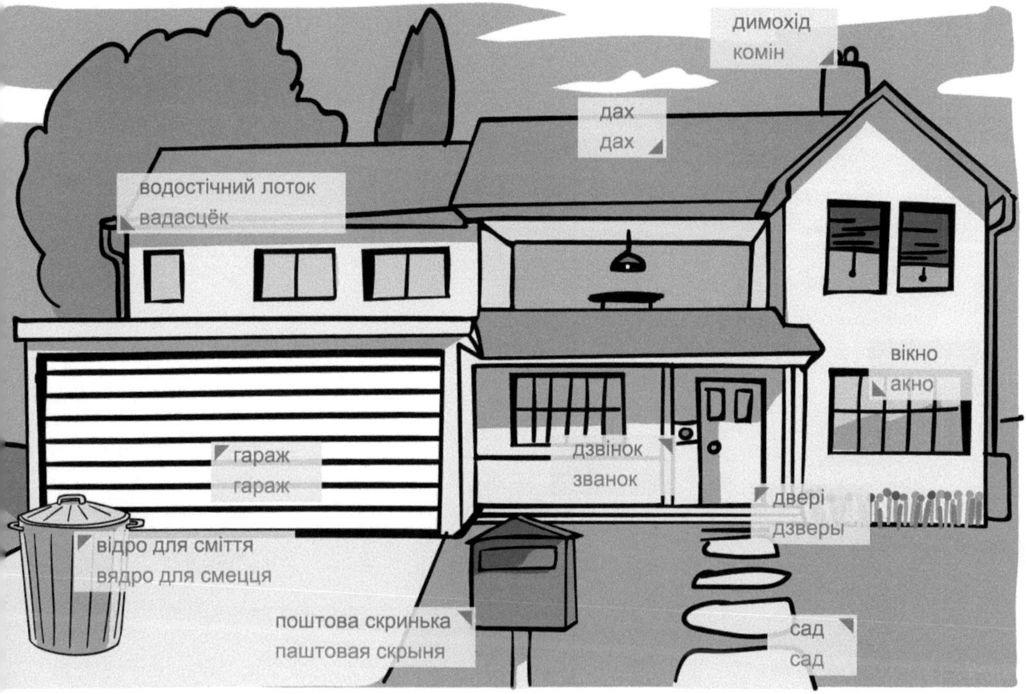

вітальня

жылы пакой

ванна кімната

ванная

кухня

кухня

спальня

спальны пакой

дитяча кімната

дзіцячы пакой

їдальня

сталоўка

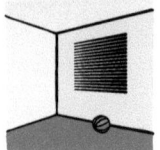

підлога

падлога

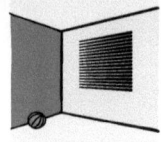

стіна

сцяна

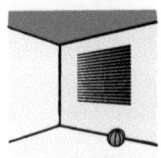

стеля

столь

підвал

падвал

сауна

саўна

балкон

балкон

тераса

тэраса

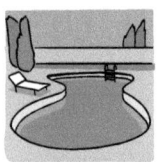

басейн

басейн

косарка

касілка

простирало

падкоўдранік

ковдра

коўдра

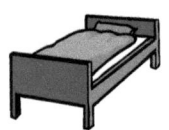

ліжко

ложак

мітла

венік

відро

вядро

перемикач

выключальнік

вітальня
жылы пакой

шпалери
шпалеры
малюнок
малюнак
лампа
лямпа
поличка
паліца
шафа
шафа
телевізор
тэлевізар
камін
камін
квітка
кветка
подушка
падушка
диван
канапа
ваза
ваза
пульт
пульт

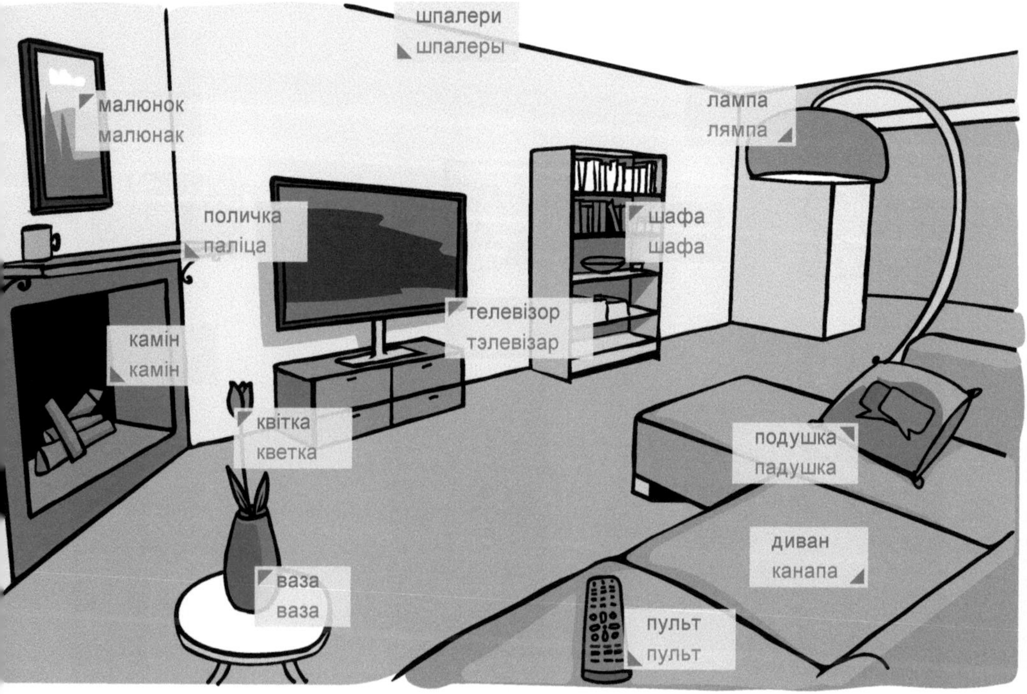

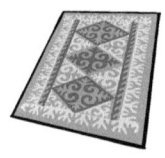

килим

дыван

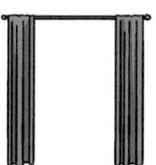

завіса

фіранка

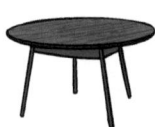

стіл

стол

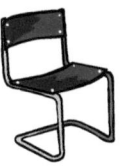

стілець

крэсла

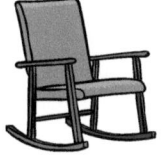

крісло-гойдалка

крэсла-качалка

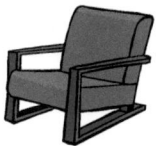

крісло

крэсла

книга
кніга

ковдра
коўдра

прикраса
дэкарацыя

дрова
дровы

фільм
кіно

стереосистема
стэрэасістэма

ключ
ключ

газета
газета

картина
карціна

плакат
постар

радіо
радыё

блокнот
нататнік

пилосос
пыласос

кактус
кактус

свічка
свечка

кухня

кухня

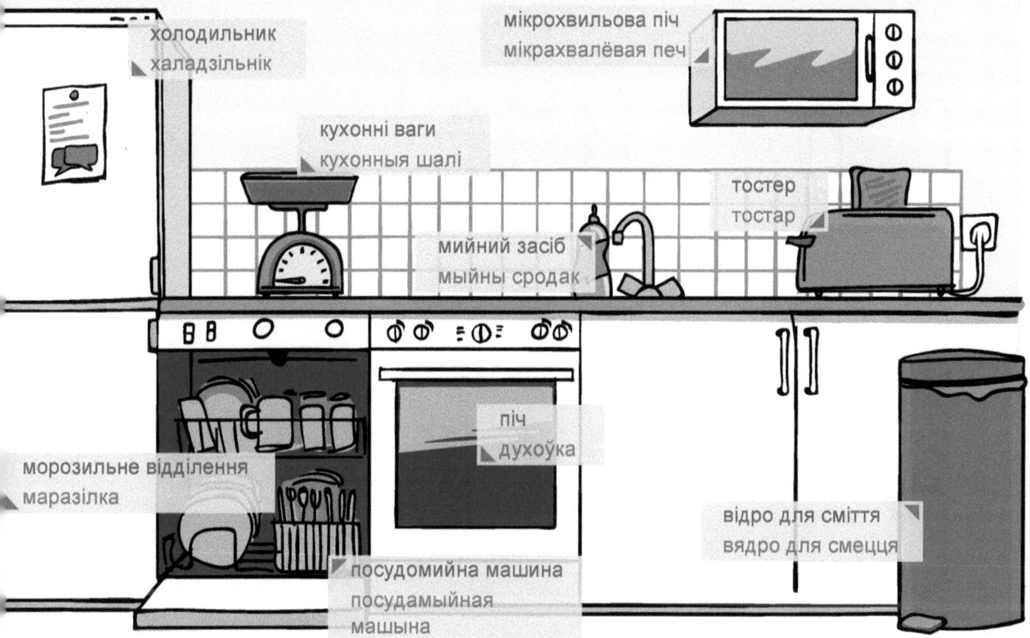
холодильник
халадзільнік
мікрохвильова піч
мікрахвалёвая печ
кухонні ваги
кухонныя шалі
тостер
тостар
мийний засіб
мыйны сродак
піч
духоўка
морозильне відділення
маразілка
відро для сміття
вядро для смецця
посудомийна машина
посудамыйная
машына

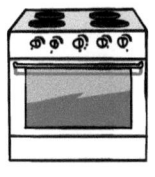

плита

пліта

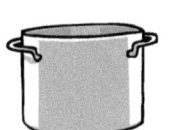

горщик

рондаль

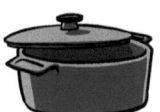

чавунний горщик

чыгунок

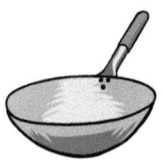

вок / кадай

Вок / кадаі

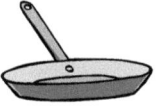

сковорода

патэльня

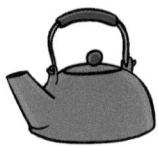

чайник

чайнік

пароварка

параварка

лист

бляха

посуд

посуд

кухоль

кубак

чаша

міска

палички для їжі

палачкі для ежы

черпак

чарпак

лопатка

лапатачка

вінчик для збивання

збівалка

сито

сіта для варэння

сито

сіта

терка

тарка

ступка

ступка

барбекю

грыль

багаття

вогнішча

дошка

дошка

качалка

качалка

штопор

штопар

конзерва

бляшанка

відкривачка

адкрывалка

прихватки

прыхваткі

раковина

ракавіна

щітка

шчотка

губка

губка

міксер

міксер

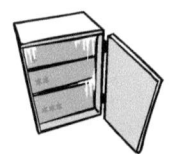

морозильна камера

маразільная камера

дитяча пляшка

бутэлечка

кран

вадаправодны кран

ванна кімната

ванная

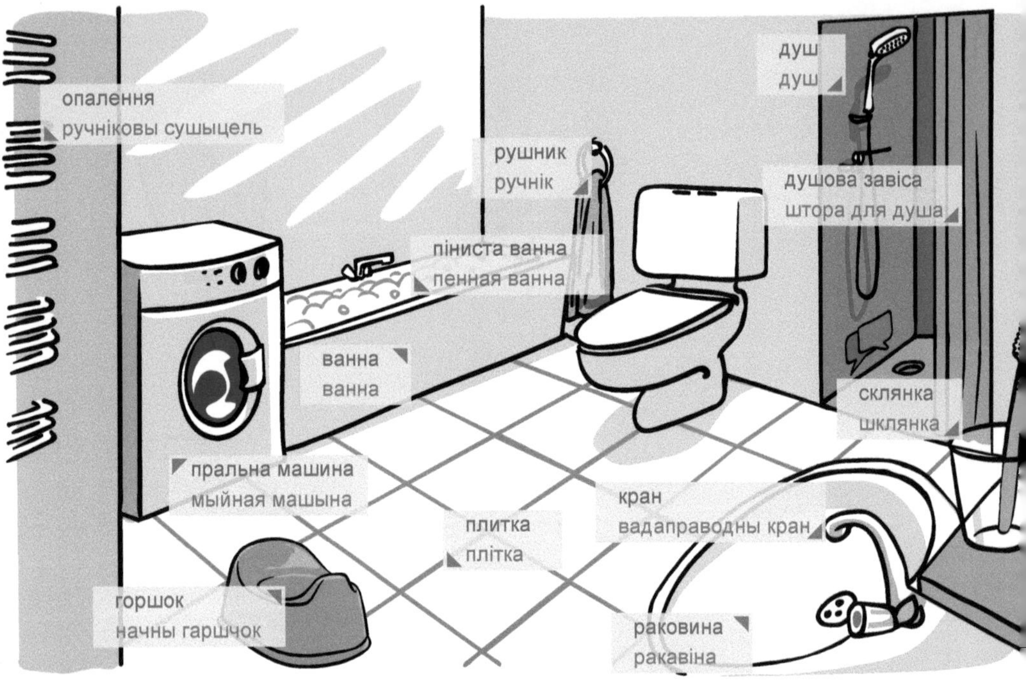
душ
душ
опалення
ручніковы сушыцель
рушник
ручнік
душова завіса
штора для душа
пiниста ванна
пенная ванна
ванна
ванна
склянка
шклянка
пральна машина
мыйная машына
кран
вадаправодны кран
плитка
плітка
горшок
начны гаршчок
раковина
ракавіна

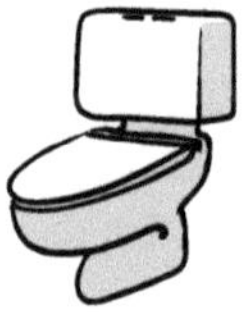

туалет

туалет

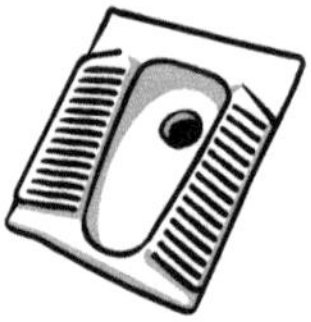

підлоговий туалет

падлогавы ўнітаз

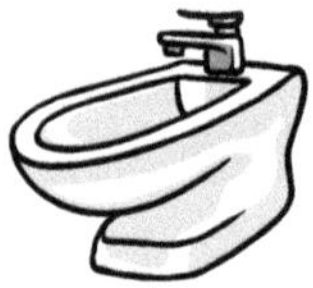

біде

бідэ

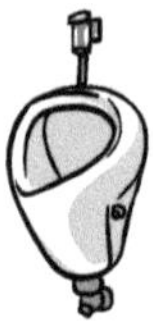

пісуар

пісуар

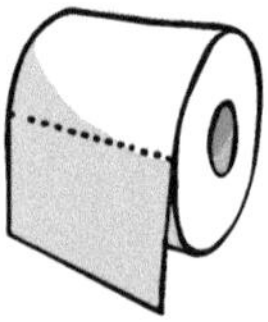

туалетний папір

туалетная папера

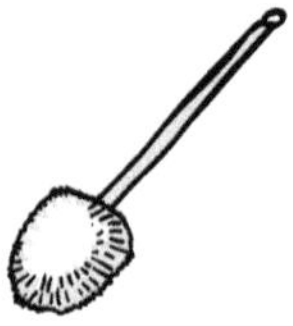

щітка для туалету

шчотка для чысткі ўнітаза

зубна щітка

зубная шчотка

зубна паста

зубная паста

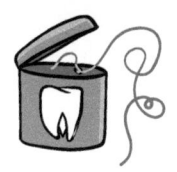

нитка для чищення зубів

зубная нітка

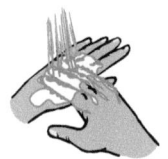

мити

мыць

ручний душ

ручны душ

інтимний душ

інтымны душ

таз

умывальнік

щітка для спини

шчотка для спіны

мило

мыла

гель для душу

гель для душа

шампунь

шампунь

мочалка

вяхотка

водостік

вадасцёк

крем

крэм

дезодорант

дэзадарант

ванна кімната - ванная

дзеркало

люстэрка

косметичне дзеркало

касметычнае люстэрка

бритва

станок для галення

піна для гоління

пена для галення

лосьйон після гоління

ласьён пасля галення

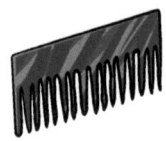

гребінь

грэбень

щітка

шчотка

фен

фен

лак для волосся

лак для валасоў

косметика

касметыка

губна помада

памада

лак для нігтів

лак для пазногцяў

вата

вата

ножиці для нігтів

манікюрныя нажніцы

парфум

духі

косметичка

касметычка

табурет

табурэтка

ваги

вагі

халат

лазневы халат

гумові рукавички

санітарныя пальчаткі

тампон

тампон

гігієнічні прокладки

гігіенічныя пракладкі

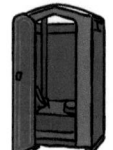

біотуалет

біятуалет

дитяча кімната

дзіцячы пакой

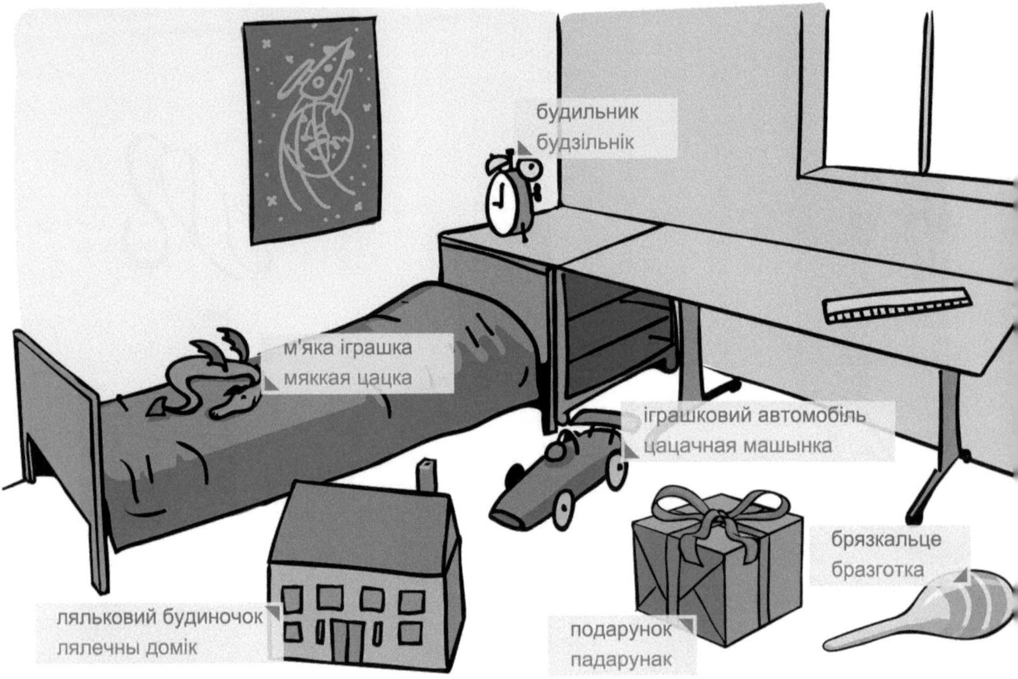

будильник
будзільнік
м'яка іграшка
мяккая цацка
іграшковий автомобіль
цацачная машынка
брязкальце
бразготка
ляльковий будиночок
лялечны домік
подарунок
падарунак

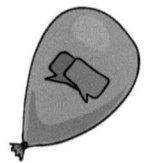

повітряна кулька

надзіманы шарык

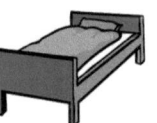

ліжко

ложак

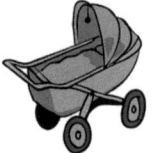

дитячий візок

дзіцячая каляска

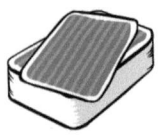

картярська гра

калода картаў

пазл

пазл

SUPER MEGA

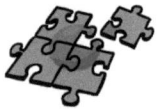

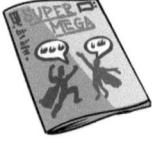

комікс

комікс

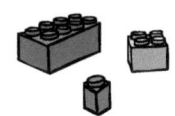

лего цеглинки

канструктар "Лега"

блоки

канструктар

іграшкова фігурка

экшэн-фігурка

повзунки

дзіцячы гарнітур

фризбі

фрызбі

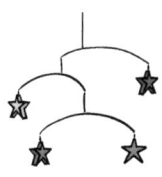

мобіле

дзіцячы мабіль

настільна гра

настольная гульня

кубик

кубік

модель залізнична станція

дзіцячая чыгунка

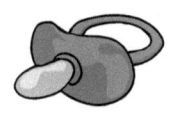

соска

пустышка

вечірка

дзіцячае свята

книжка з картинками

кніга з малюнкамі

м'яч

мячык

лялька

лялька

грати

гуляцца

пісочниця

пясочніца

гойдалка

арэлі

іграшка

цацкі

гральна консоль

гульнявая відэа прыстаўка

триколісний велосипед

трохколавы ровар

плюшевий мішка

плюшавы мішка

шафа

шафа

одяг

адзенне

шкарпетки

шкарпэткі

панчохи

панчохі

колготки

калготкі

шарф
шалік

ремінь
рамень

парасоля
парасон

футболка
цішотка

кросівки
красоўкі

чоботи
боти

домашнє взуття
пантоплі

сандалі	взуття	гумові чоботи
сандалі	абутак	гумовыя боты
труси	бюстгальтер	нижня сорочка
трусы	бюстгальтар	майка

боді
бодзі

штани
штаны

джинси
джынсы

спідниця
спадніца

блузка
блузка

сорочка
кашуля

пуловер
джэмпер

светр
талстоўка

піджак
блэйзер

куртка
куртка

пальто
паліто

дощовик
дажджавік

костюм
касцюм

сукня
сукенка

весільна сукня
вясельная сукенка

костюм

касцюм

нічна сорочка

начная сарочка

піжама

піжама

сарі

сары

головна хустка

хустка

чалма

цюрбан

бурка

паранджа

кафтан

каптан

абая

Абая

купальник

купальнік

плавки

плаўкі

шорти

шорты

тренувальний костюм

спартыўны касцюм

фартух

фартух

рукавички

пальчаткі

гудзик

гузік

окуляри

акуляры

браслет

бранзалет

ланцюг

каралі

кільце

кальцо

сережка

завушніца

шапка

кепка

плічка

вешалка

капелюх

капялюш

краватка

гальштук

застібка-блискавка

маланка

шолом

шлем

підтяжки

падцяжкі

шкільна форма

школьная форма

уніформа

уніформа

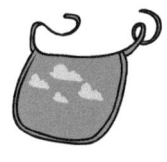

нагрудник

нагруднік

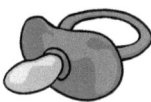

соска

пустышка

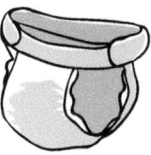

підгузок

падгузнік

офіс

офіс

сервер
сервер
шаф для документів
канцылярская шафа
папір
папера
принтер
прынтэр
монітор
манітор
миша
мыш
письмовий стіл
пісьмовы стол
папка
тэчка
синтезатор
клавіятура
кошик для паперу
смеццевы кошык
комп'ютер
кампутар
стілець
крэсла

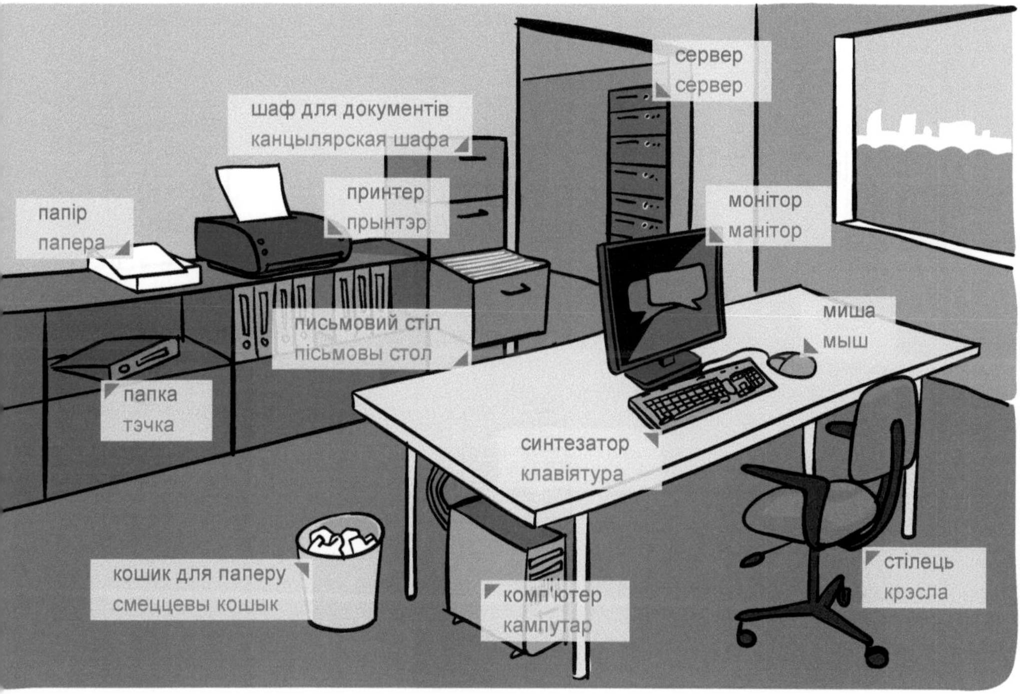

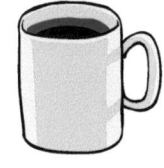

кавовий кухоль

бак для кавы (філіжанка)

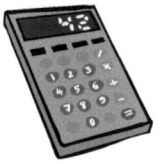

калькулятор

калькулятар

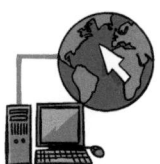

інтернет

інтэрнэт

ноутбук

ноўтбук

лист

ліст

повідомлення

паведамленне

мобільний телефон

мабільны тэлефон

мережа

сетка

копіювальний пристрій

ксеракс

програмне забезпечення

праграмнае забеспячэнне

телефон

тэлефон

розетка

разетка

факс

факс

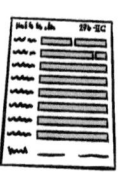

бланк

фармуляр

документ

дакумент

купувати

купляць

платити

плаціць

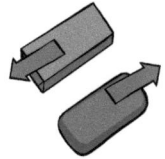
торгувати

гандляваць

гроші

грошы

долар

долар

євро

еўра

ієна

ена

рубль

рубель

франк

франк

юанів женьміньбі

кітайскі юань

рупія

рупія

банкомат

банкамат

обмінний пункт

абменны пункт

золото

золата

срібло

срэбра

нафта

нафта

енергія

энергія

ціна

цана

контракт

кантракт

податок

падатак

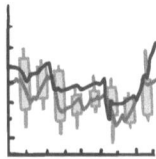

акція

акцыя

працювати

працаваць

працівник

служачы

роботодавець

працадаўца

фабрика

фабрыка

магазин

крама

професії
прафесіі

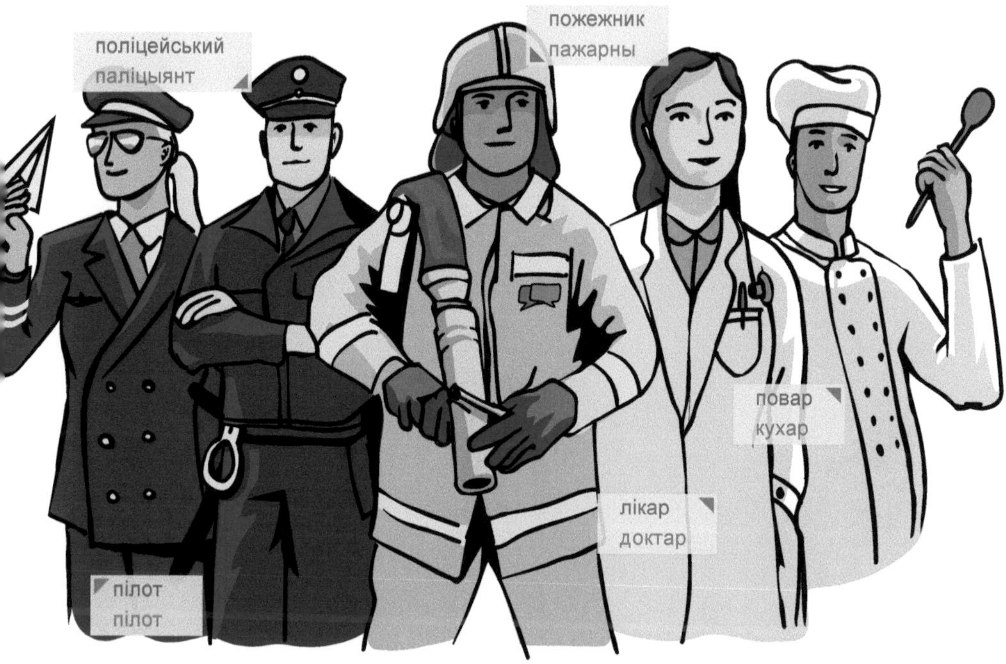

поліцейський
паліцыянт
пожежник
пажарны
повар
кухар
лікар
доктар
пілот
пілот

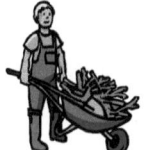

садівник

садоўнік

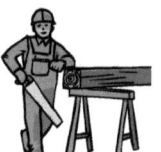

столяр

слесар

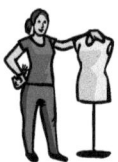

швачка

швачка

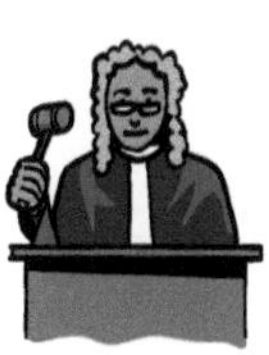

суддя

суддзя

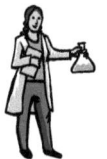

хімік

хімік

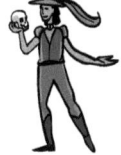

актор

артыст

водій автобуса

кіроўца аўтобуса

таксист

таксіст

рибалка

рыбак

прибиральниця

прыбіральшчыца

покрівельник

страхар

офіціант

афіцыянт

мисливець

паляўнічы

художник

мастак

пекар

пекар

електрик

электрык

будівельник

будаўнік

інженер

інжынер

забійник

мяснік

бляхар

сантэхнік

листоноша

паштальён

солдат

салдат

архітектор

архітэктар

касир

касір

флорист

фларыст

перукар

цырульнік

кондуктор

кандуктар

механік

механік

капітан

капітан

дантист

стаматолаг

вчений

вучоны

рабин

рабін

імам

імам

монах

манах

пастор

святар

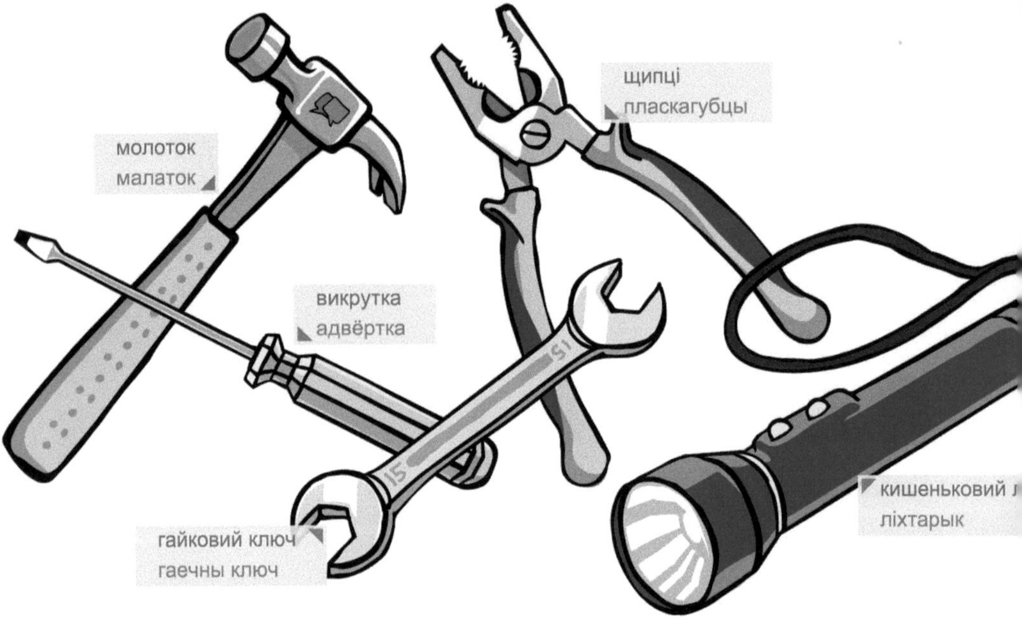

молоток
малаток

щипці
пласкагубцы

викрутка
адвёртка

гайковий ключ
гаечны ключ

кишеньковий ліхтарик
ліхтарык

екскаватор
....
экскаватар

ящик для інструментів
....
скриня для інструментаў

драбина
....
дравіны

пилка
....
піла

цвяхи
....
цвікі

свердло
....
дрыль

ремонтувати

рамантаваць

лопата

рыдлеўка

лайно!

Халера!

совок

шуфлік для смецця

відро з фарбою

вядро з фарбаю

гвинти

балты

музичні інструменти
музычныя інструменты

динамік
калонкі

ударна установка
ударны інструмент

контрабас
кантрабас

труба
труба

гітара
гітара

фортепіано

піяніна

скрипка

скрыпка

бас

басгітара

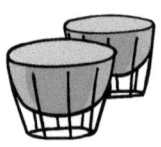

литаври

літаўры

барабан

барабан

клавіатура

клавішны электрамузычны
інструмент

саксофон

саксафон

флейта

флейта

мікрофон

мікрафон

зоопарк

заапарк

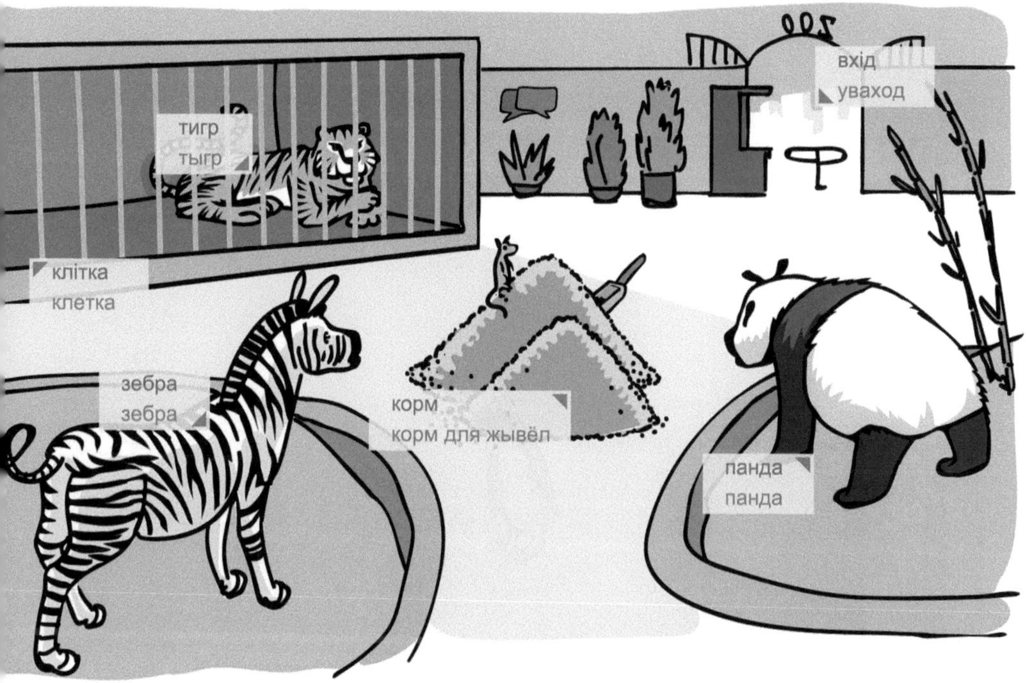

вхід
уваход
тигр
тыгр
клітка
клетка
зебра
зебра
корм
корм для жывёл
панда
панда

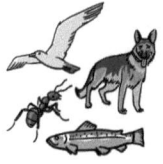

тварини

жывёлы

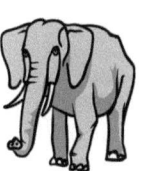

слон

слон

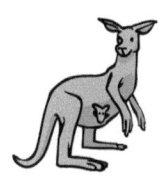

кенгуру

кенгуру

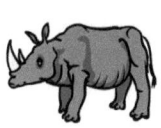

носоріг

насарог

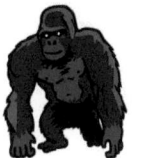

горила

гарыла

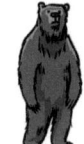

ведмідь

мядзведзь

верблюд

вярблюд

страус

стравус

лев

леў

мавпа

малпа

фламінго

фламінга

папуга

папугай

білий ведмідь

белы мядзведзь

пінгвін

пінгвін

акула

акула

павич

паўлін

змія

змяя

крокодил

кракадзіл

працівник зоопарку

наглядчык заапарка

тюлень

цюлень

ягуар

ягуар

поні
поні

леопард
леапард

гіпопотам
бегемот

жираф
жыраф

орел
арол

кабан
дзік

риба
рыбак

черепаха
чарапаха

морж
морж

лисиця
ліса

газель
газель

американський футбол
амерыканскі футбол

їзда на велосипеді
веласпорт

теніс
тэніс

баскетбол
баскетбол

плавання
плаванне

бокс
бокс

хокей
хакей з шайбай

футбол
футбол

бадмінтон
бадмінтон

легка атлетика
лёгкая атлетыка

гандбол
гандбол

лижні перегони
горныя лыжы

поло
пола

стрибати
скакаць

обіймати
абдымаць

сміятися
смяяцца

йти
ісці

співати
спяваць

молитися
маліцца

цілувати
цалаваць

мріяти
марыць

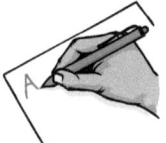

писати

пісаць

малювати

маляваць

показувати

паказваць

тиснути

націснуць

давати

даваць

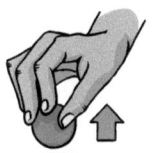

брати

браць

мати

маць

робити

выконваць

бути

быць

стояти

стаяць

бігати

бегчы

тягнути

цягнуць

кидати

кідаць

падати

падаць

лежати

ляжаць

очікувати

чакаць

носити

насіць

сидіти

сядзець

одягати

апранацца

спати

спаць

просипатися

прачынацца

дивитися

глядзець

плакати

плакаць

гладити

лашчыць

розчісувати

прычэсвацца

розмовляти

гаварыць

розуміти

разумець

питати

пытаць

слухати

чуць

пити

піць

їсти

есці

прибирати

прыбіраць

любити

кахаць

варити

гатаваць

їхати

ехаць

літати

лятаць

йти під вітрилом

плаваць пад ветразем

рахувати

лічыць

читати

чытаць

вчитися

вучыць

працювати

працаваць

одружуватися

уступаць у шлюб

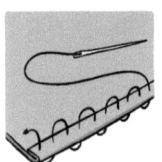

шити

шыць

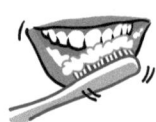

чистити зуби

чысціць зубы

убивати

забіваць

курити

курыць

посилати

пасылаць

сім'я

сям'я

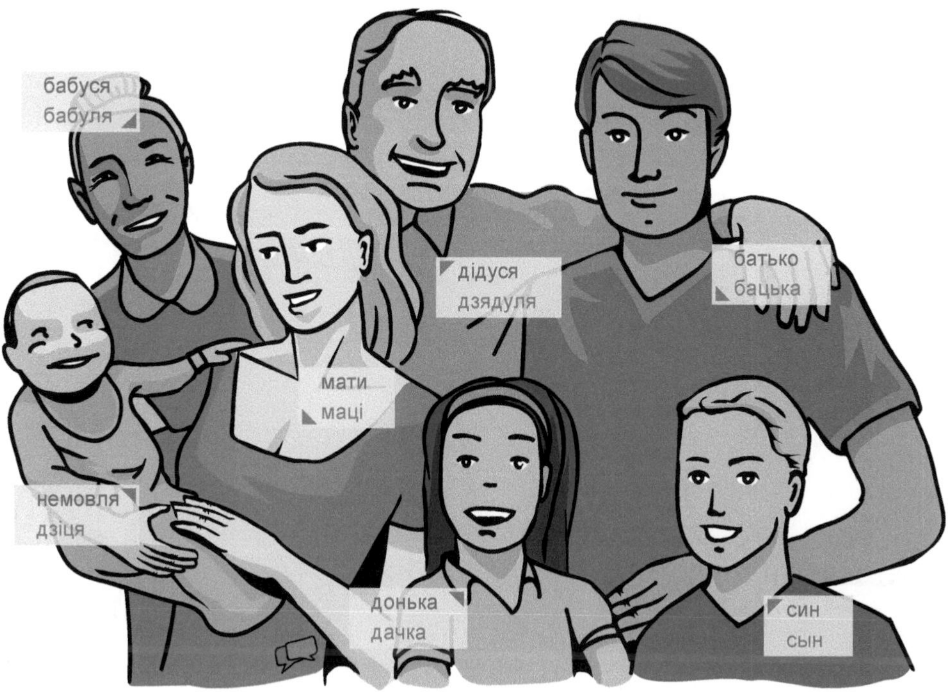
бабуся
бабуля
дідуся
дзядуля
батько
бацька
мати
маці
немовля
дзіця
донька
дачка
син
сын

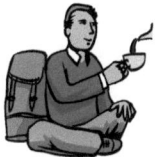

гість

госць

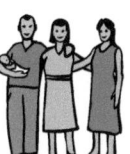

тітка

цётка

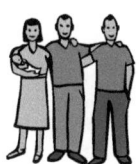

дядько

дзядзька

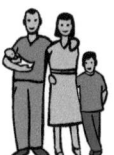

брат

брат

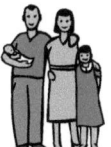

сестра

сястра

тіло

цела

чоло
лоб
око
вока
плече
плячо
палець
палец
обличчя
твар
підборіддя
падбародак
кисть
рука
груди
грудзі
нога
нага
рука
рука

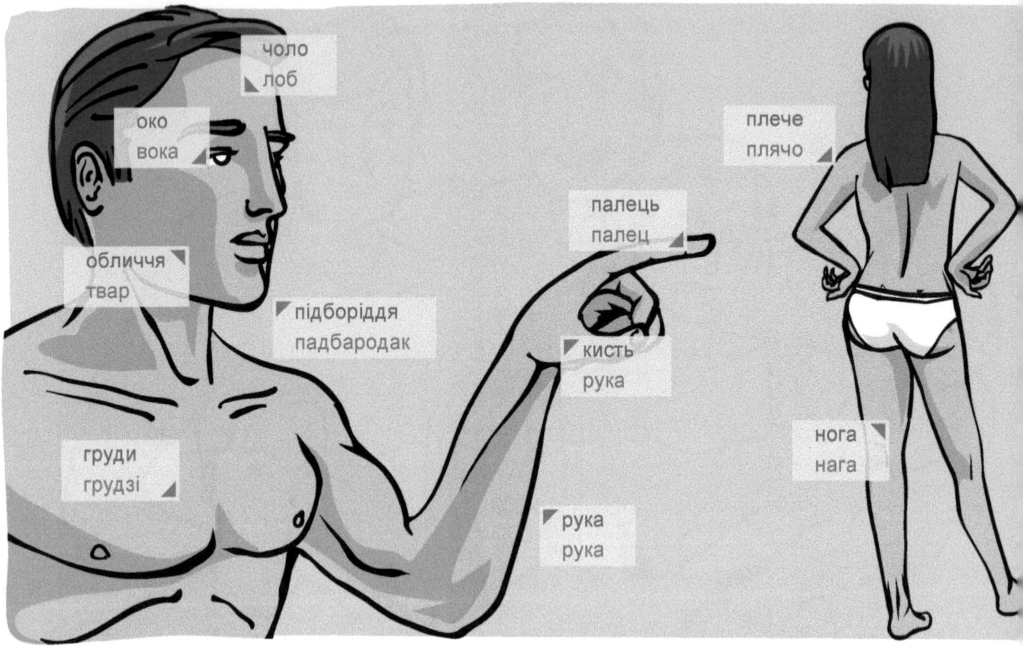

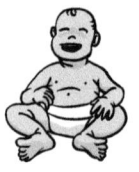

немовля
дзіця

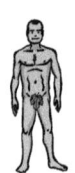

чоловік
мужчына

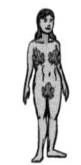

жінка
жанчына

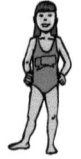

дівчина
дзяўчынка

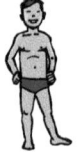

хлопчик
хлопчык

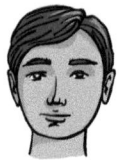

голова
галава

спина
спіна

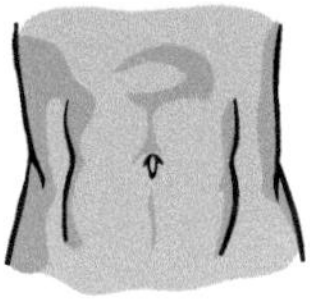

живіт
жывот

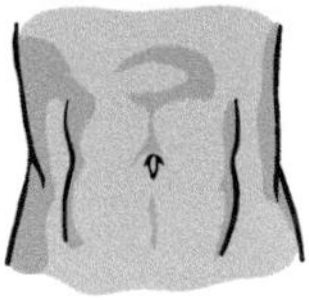

пуп
пуп

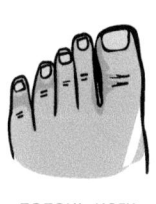

палець ноги
палец нагі

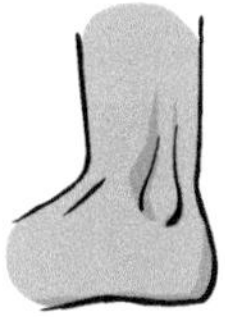

п'ята
пятка

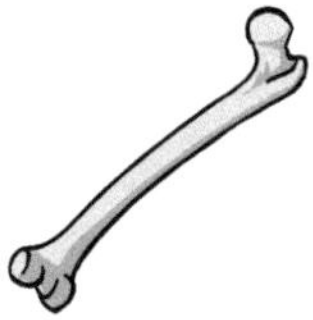

кістка
костка

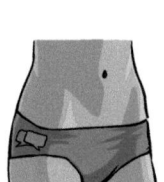

стегно
бядро

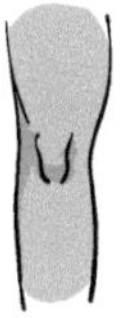

коліно
калена

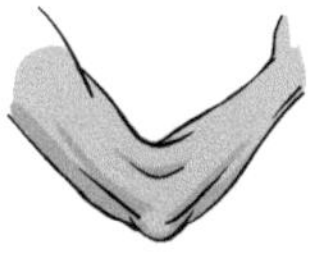

лікоть
локаць

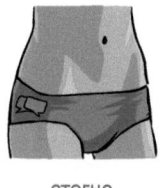

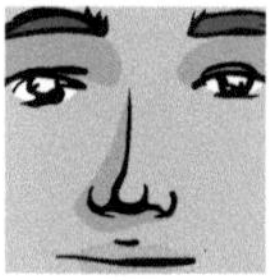

ніс
нос

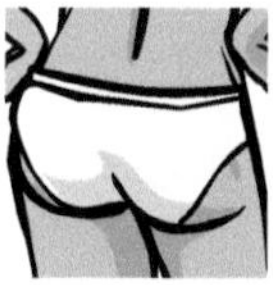

сідниці
ягадзіца

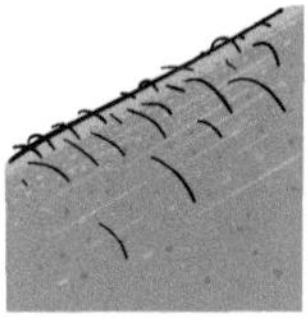

шкіра
скура

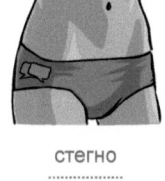

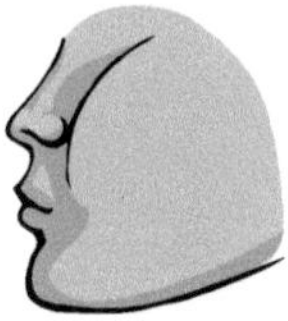

щока
шчака

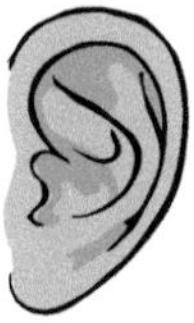

вухо
вуха

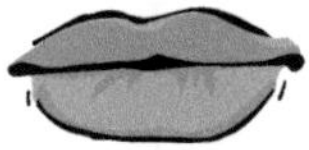

губа
губа

рот

рот

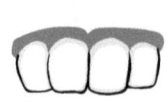

зуб

зуб

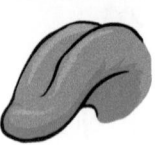

язик

язык

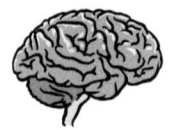

мозок

галаўны мозг

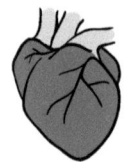

серце

сэрца

м'яз

мышца

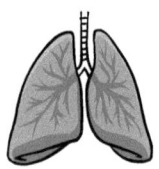

легені

лёгкае

печінка

пячонка

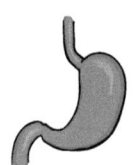

шлунок

страўнік

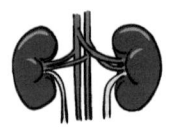

нирки

ныркі

статевий акт

сэкс

презерватив

прэзерватыў

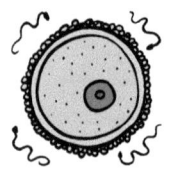

яйцеклітина

яйцаклетка

сперма

сперма

вагітність

цяжарнасць

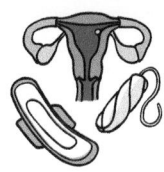

менструація

менструацыя

вагіна

похва

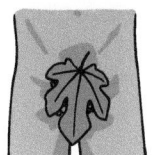

пеніс

пеніс

брова

брыво

волосся

валасы

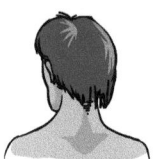

шия

шыя

лікарня

шпіталь

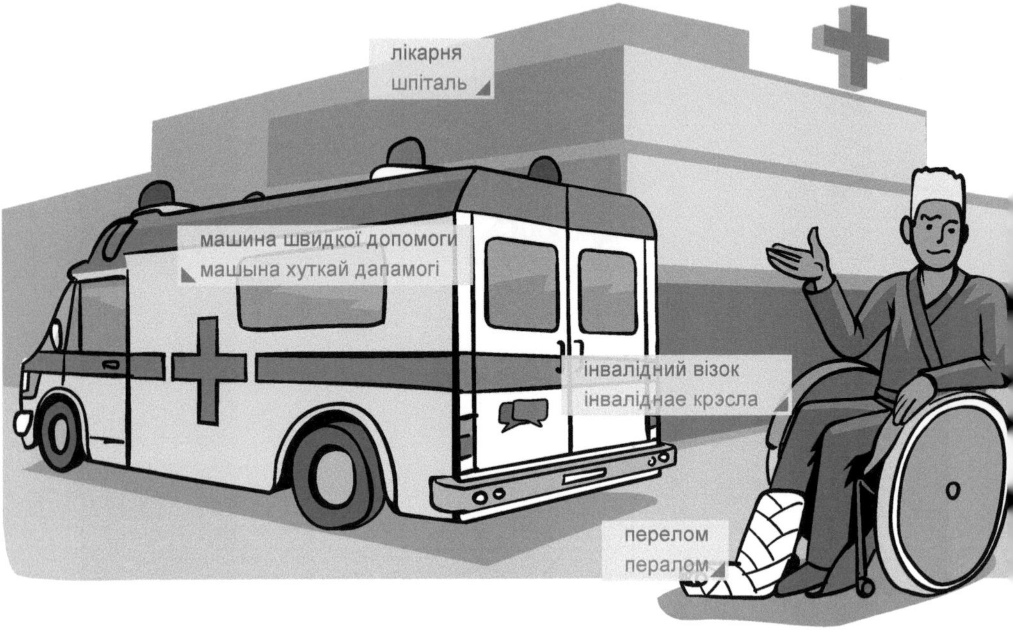

лікарня
шпіталь
машина швидкої допомоги
машына хуткай дапамогі
інвалідний візок
інваліднае крэсла
перелом
пералом

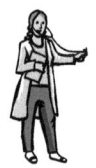

лікар

доктар

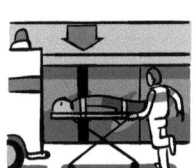

відділення швидкої медичної допомоги

аддзяленне першай дапамогі

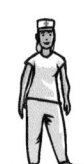

медсестра

медсястра

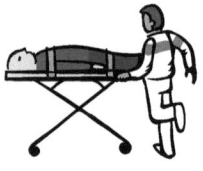

аварійний випадок

экстраная дапамога

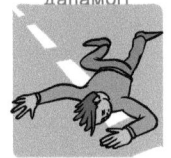

непритомний

непрытомны

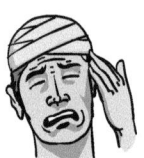

біль

боль

травма

траўма

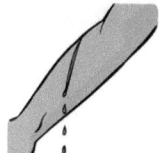

кровотеча

крывацёк

інфаркт

інфаркт

інсульт

апаплексія

алергія

алергія

кашель

кашаль

лихоманка

гарачка

грип

грып

пронос

панос

головна біль

галаўны боль

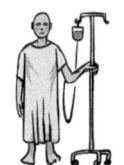

рак

рак

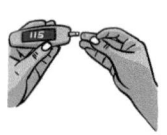

діабет

дыябет

хірург

хірург

скальпель

скальпель

операція

аперацыя

КТ

КТ

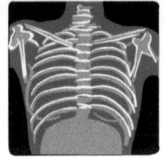

рентген

рэнтген

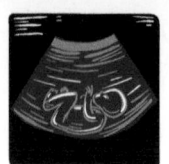

ультразвук

ультрагук

маска

маска

хвороба

хвароба

зал очікування

пачакальня

милиця

мыліца

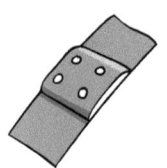

пластир

пластыр

пов'язка

бінт

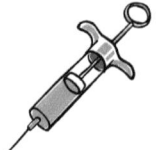

ін'єкція

ін'екцыя

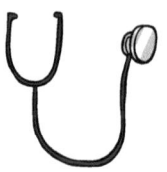

стетоскоп

стэтаскоп

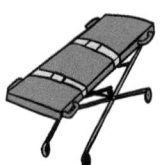

ноші

насілкі

термометр

градуснік

народження

нараджэнне

надмірна вага

лішняя вага

слуховий апарат

слухавы апарат

дезінфікуючий засіб

дэзінфекцыйны сродак

інфекція

інфекцыя

вірус

вірус

ВІЛ / СНІД

ВІЧ/СНІД

медицина

лекі

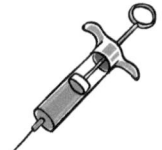

вакцинація

прышчэпка

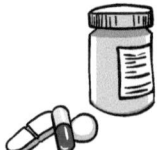

таблетки

таблеткі

протизаплідна пігулка

супрацьзачаткавая таблетка

екстрений виклик

экстраны выклік

тонометр

танометр

хворий / здоровий

хворы / здаровы

сигнал тривоги

сігналізацыя

напад

напад

Допоможіть!

Ратуйце!

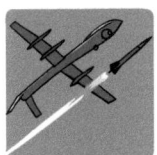

атака

атака

небезпека

небяспека

аварійний вихід

аварыйны выхад

Вогонь!

Пажар!

вогнегасник

вогнетушыцель

аварія

аварыя

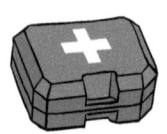

аптечка

аптэчка

СОС

СОС

поліція

паліцыя

Європа

Еўропа

Північна Америка

Паўночная Амерыка

Південна Америка

Паўднёвая Амерыка

Африка

Афрыка

Азія

Азія

Австралія

Аўстралія

Атлантика

Атлантычны акіян

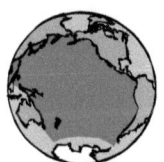

Тихий океан

Ціхі акіян

Індійський океан

Індыйскі акіян

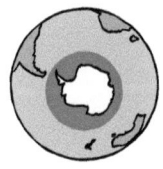

Антарктичний океан

аўднёвы ледавіты акіян

Північний Льодовитий океан

Паўночны ледавіты акіян

Північний полюс

Паўночны полюс

Південний полюс

Паўднёвы полюс

Антарктика

Антарктыда

Земля

Зямля

суша

краіна

море

мора

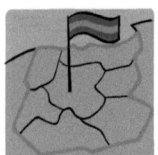

острів

востраў

нація

нацыя

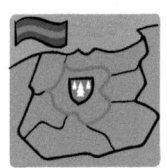

держава

дзяржава

циферблат

цыферблат

годинникова стрілка

гадзінная стрэлка

хвилинна стрілка

хвілінная стрэлка

секундна стрілка

секундная стрэлка

Котра година?

Колькі часу?

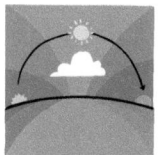

день

дзень

час

час

зараз

зараз

цифровий годинник

электронны гадзіннік

хвилина

хвіліна

година

гадзіна

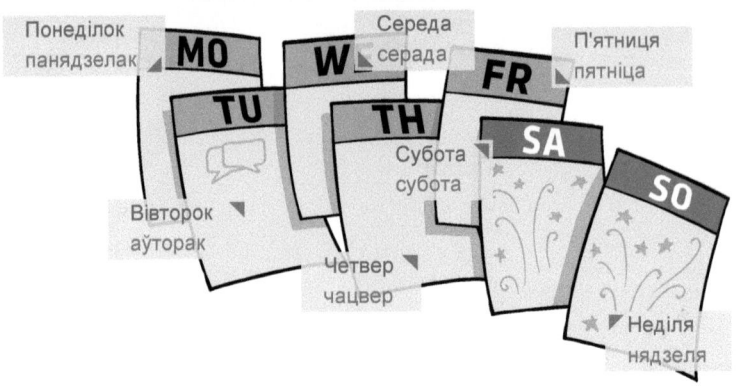

Понеділок / панядзелак — MO
Середа / серада — W
П'ятниця / пятніца — FR
TU — Вівторок / аўторак
TH — Четвер / чацвер
Субота / субота — SA
SO — Неділя / нядзеля

вчора

ўчора

сьогодні

сёння

завтра

заўтра

ранок

раніца

опівдні

абед

вечір

вечар

MO	TU	WE	TH	FR	SA	SU
1	2	3	4	5	6	7
8	9	10	11	12	13	14
15	16	17	18	19	20	21
22	23	24	25	26	27	28
29	30	31	1	2	3	4

робочі дні

працоўныя дні

MO	TU	WE	TH	FR	SA	SU
1	2	3	4	5	6	7
8	9	10	11	12	13	14
15	16	17	18	19	20	21
22	23	24	25	26	27	28
29	30	31	1	2	3	4

кінець робочого тижня

выхадныя

рік

год

дощ
дождж
веселка
вясёлка
вітер
вецер
сніг
снег
весна
вясна
осінь
восень
літо
лета
зима
зіма

4.APRIL 11°
5.APRIL 4°
6.APRIL 13°
7.APRIL 8°
8.APRIL 10°

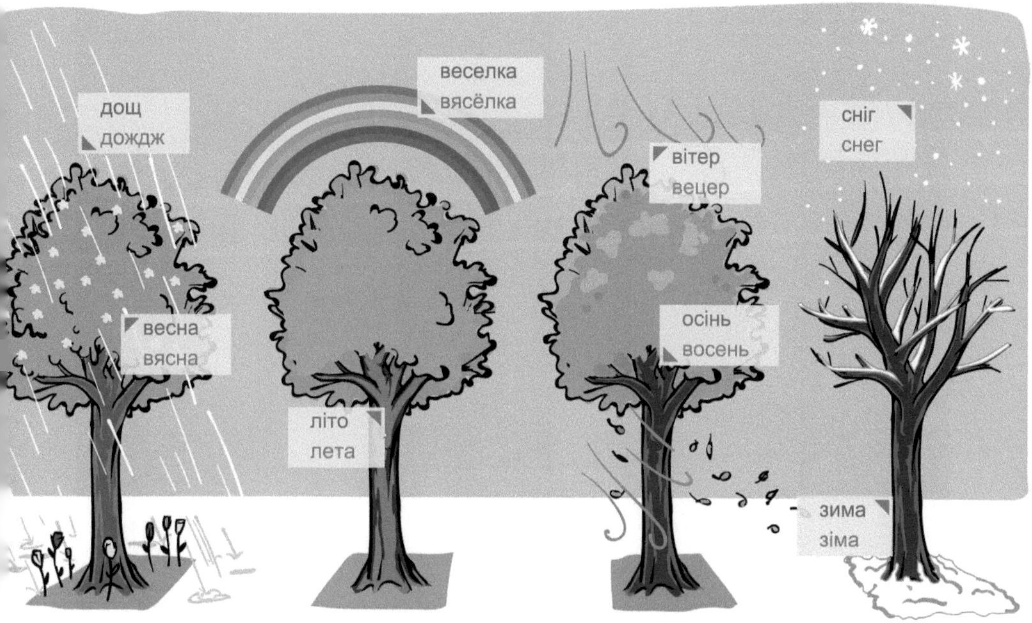

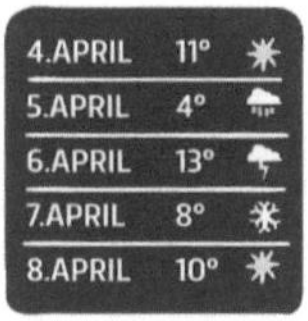

прогноз погоди

прагноз надвор'я

F C
120 40
90 30
60 20
30 10
0 0
-30 -10
-20

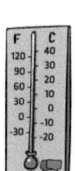

термометр

градуснік

сонячне світло

сонечнае святло

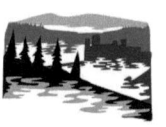

хмара

воблака

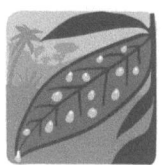

туман

туман

вологість повітря

вільготнасць паветра

блискавка
....
маланка

грім
....
гром

шторм
....
бура

град
....
град

мусон
....
мусонны вецер

повінь
....
прыліў

лід
....
лёд

Січень
....
студзень

Лютий
....
люты

Березень
....
сакавік

Квітень
....
красавік

Травень
....
май

Червень
....
чэрвень

Липень
....
ліпень

Серпень
....
жнівень

рік - год

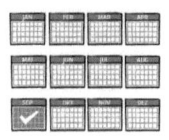

Вересень

верасень

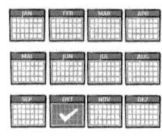

Жовтень

кастрычнік

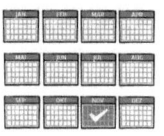

Листопад

лістапад

Грудень

снежань

форми

формы

круг

круг

квадрат

квадрат

прямокутник

прамавугольнік

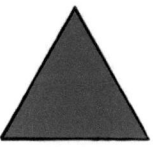

трикутник

трохвугольнік

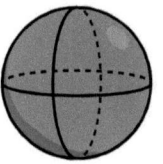

куля

шар

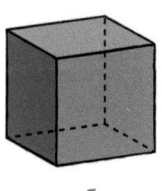

куб

куб

білий
....
белы

жовтий
....
жоўты

помаранчевий
....
аранжавы

рожевий
....
ружовы

червоний
....
чырвоны

фіолетовий
....
фіялетавы

синій
....
сіні

зелений
....
зялёны

коричневий
....
карычневы

сірий
....
шэры

чорний
....
чорны

багато / мало

шмат / мала

лютий / мирний

злы / добры

гарний / бридкий

прыгожы / брыдкі

початок / кінець

пачатак / канец

великий / малий

высокі / малы

світлий / темний

светлы / цёмны

брат / сестра

сястра / брат

чистий / брудний

чысты / брудны

завершений /
незавершений
поўны / няпоўны

день / ніч

дзень / ноч

мертвий / живий

мёртвы / жывы

широкий / вузький

шырокі / вузкі

їстівний / неїстівний

ядомы / неядомы

злий / дружній

злы / добры

збуджений / нудьгуючий

узбуджаны / нудны

товстий / тонкий

тоўсты / тонкі

спочатку / востаннє

першы / апошні

друг / ворог

сябар / вораг

повний / порожній

поўны / пусты

жорсткий / м'який

цвёрды / мяккі

важкий / легкий

важкі / лёгкі

голод / спрага

голад / смага

хворий / здоровий

хворы / здаровы

незаконний / законний

нелегальны / легальны

розумний / дурний

разумны / дурны

вліво / вправо

левы / правы

поруч / далеко

побач / далёка

новий / використаний

іовы / былы ва ўжыванні

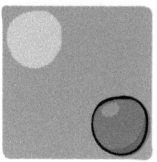

нічого / щось

нічога / нешта

старий / молодий

стары / малады

вкл / викл

укл / выкл

відкрито / закрито

адчынены / зачынены

тихо / гучно

ціхі / гучны

багатий / бідний

багаты / бедны

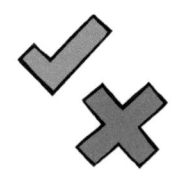

правильно / неправильно

правільна / няправільна

шорсткий / гладкий

шурпаты / гладкі

сумний / щасливий

сумны / шчаслівы

короткий / довгий

кароткі / доўгі

повільно / швидко

павольны / хуткі

вологий / сухий

вільготны / сухі

гарячий / холодний

цёплы / халаднаваты

війна / мир

вайна / мір

0

нуль

нуль

1

один

адзін

2

два

два

3

три

тры

4

чотири

чатыры

5

п'ять

пяць

6

шість

шэсць

7

сім

сем

8

вісім

восем

9

дев'ять

дзевяць

10

десять

дзесяць

11

одинадцять

адзінаццаць

12

дванадцять

дванаццаць

13

тринадцять

трынаццаць

14

чотирнадцять

чатырнаццаць

15

п'ятнадцять

пятнаццаць

16

шістнадцять

шаснаццаць

17

сімнадцять

сямнаццаць

18

вісімнадцять

васямнаццаць

19

дев'ятнадцять

дзевятнаццаць

20

двадцять

дваццаць

100

сто

сто

1.000

тисяча

тысяча

1.000.000

мільйон

мільён

англійська

англійская

американська англійська

англійская (Амерыка)

китайська
високочиновницька

кітайская мандарынская

хінді

хіндзі

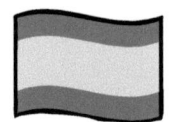

іспанська

іспанская

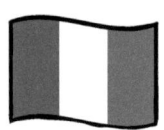

французька

французская

арабська

арабская

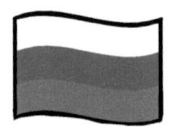

російська

руская

португальська

партугальская

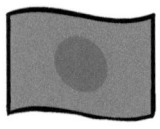

бенгальська

бенгальская

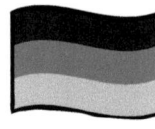

німецька

нямецкая

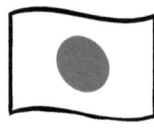

японська

японская

я

я

ти

ты

він / вона / воно

ён / яна / яно

ми

мы

ви

вы

вони

яны

хто?

хто?

що?

што?

як?

як?

де?

дзе?

коли?

калі?

ім'я

імя

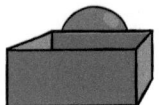

ззаду

за

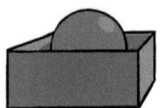

в

у

перед

перад

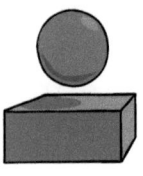

над

над

на

на

під

пад

біля

каля

між

паміж

місце

месца